AF453099

Les

Minutes Parisiennes

IL A ÉTÉ TIRÉ

168 exemplaires sur papier de Chine,
et 28 exemplaires sur papier du Japon

Numérotés à la presse.

Collection BELTRAND et DÉTÉ

Les
Minutes Parisiennes

MIDI

Le Déjeuner des Petites Ouvrières

PAR

G. MONTORGUEIL

Illustrations de A. LEPÈRE

PARIS

LIBRAIRIE PAUL OLLENDORFF

28 *bis*, RUE DE RICHELIEU, 28 *bis*

1899

Les

Minutes Parisiennes

AVERTISSEMENT

Un groupe d'artistes, graveurs sur bois, dessinateurs, écrivains, a décidé l'entreprise de cette publication des Minutes parisiennes, et l'idée qui a motivé cette réunion est assez particulière pour mériter d'être brièvement exposée, un simple avertissement avant de passer à l'acte.

Il s'agit, en effet, d'une décision tout à fait inouïe, paradoxale, invraisemblable, prise par les collaborateurs de cette publication en vingt-quatre petits volumes. N'ont-ils pas osé, en effet, à la fin du XIXᵉ siècle, après tant d'efforts et tant d'hésitations, après tant d'expériences à demi réussies ou manquées, après tant de révoltes et tant de soumissions, n'ont-ils pas osé assumer la tâche de faire eux-mêmes leur œuvre, c'est-à-dire de la concevoir, de la présenter, en artistes et en écrivains indépendants, voulant donner à leur travail une forme librement choisie. Le seul intermédiaire admis, acceptant son rôle, qui est d'ailleurs de grande importance, c'est l'éditeur, l'éditeur aimant son métier, désireux de faire agréer par le public l'œuvre qui lui est confiée. C'est l'éditeur favorisant l'initiative d'un groupe, apportant sa collaboration comme un hommage rendu à l'indépendance de la pensée.

Cette fois, le livre est fait par ceux-là qui ont eu l'idée de le faire : après avoir choisi leur éditeur, ils ont choisi leur imprimeur, M. Hérissey, à Évreux, qui a le goût de la belle et claire typographie, et qui compte faire de ces vingt-quatre petits volumes son chef-d'œuvre d'exposition universelle pour l'année 1900. Ils ont

voulu les papiers sur lesquels on impri-
mera, et qui sont de beaux et bons papiers
et non des papiers factices destinés à une
prompte disparition. Ils ont voulu leur
mode de reproduction des dessins, des
ornements, têtes de chapitres, lettres or-
nées, culs-de-lampe, et ici, il convient de
s'arrêter un instant, car c'est la gravure
sur bois qui a été admise comme moyen
d'expression, décision bien naturelle de
la part des promoteurs de ces Minutes
parisiennes, dont l'idée première appar-
tient à un groupe de graveurs sur bois.

On s'est peut-être assez lamenté
sur la décadence des arts originaux, et il est bon qu'un groupe
d'hommes déterminés, suspendant les

paroles, négligeant les théories, passe à
l'action sans plus tarder. Il y a déjà
trente années, en 1867, Philippe Burty
écrivait : « Il reste acquis que le monde
se désintéresse de la gravure sur métal,
que l'eau-forte succède au burin, que la
lithographie agonise, que le bois est en
péril, que le procédé tend à supprimer
le burin, l'eau-forte, la lithographie et
le bois, et, que l'agent provocateur de
ces menées révolutionnaires, c'est, direc-
tement ou indirectement, la photogra-
phie. » Depuis 1867, la situation s'est
naturellement aggravée. Le procédé
photographique a tout envahi, et même
avec un despotisme inimaginable, car si
les éditeurs de reproductions d'œuvres

d'art et de livres illustrés ont employé presque sans cesse la photogravure, il est arrivé encore ce nouveau désastre que les artistes graveurs, burinistes, aqua-fortistes, graveurs sur bois, sollicités par les éditeurs, mis à la remorque du public, ont consenti à exécuter des gravures au burin, à l'eau-forte, sur bois, ressemblant à s'y tromper à des photogravures. Le nombre de ceux qui ont résisté à cet entraînement est bien restreint, et l'on peut dire sans exagération, mais non sans amertume, que ce sont les graveurs qui ont tué la gravure.

Il est nécessaire de la ressusciter. La gravure, et il n'est pas question seulement ici de la gra-

vure originale, mais aussi de la gravure de reproduction, la gravure est
un art qui a son aspect, sa significa-
tion, sa vie propre. Son dessin, son
modelé, sa couleur, qui relèvent, bien
entendu, des lois générales de l'art,
n'en ont pas moins leurs lois spéciales
qui ne peuvent être transgressées sous
peine de déchéance et de mort. Même
lorsqu'elle reproduit, lorsqu'elle imite
une œuvre d'un autre ordre, peinture,
sculpture, objet, la gravure, par son
principe même, est empêchée de devenir
un art servile. Tout en obéissant à une
conception en dehors d'elle, elle crée à
nouveau par un moyen nouveau. Il lui
faut apporter un résumé de l'œuvre

choisie, et que ce résumé soit une gravure, c'est-à-dire que les ombres, les lumières, les valeurs, les volumes, les solides, soient exprimés par des tailles, que ces tailles soient obtenues par le maniement du burin, le creusement de l'eau-forte, la découpure du bois. C'est le contraire de la prétendue gravure qui s'ingénie à maquiller, à masquer le travail du graveur, qui l'amène à ressembler à la simple reproduction photographique. La mécanique suffit pour ce beau résultat.

Les graveurs sur bois, Tony Beltrand, Jacques Beltrand et Eugène Dété, qui publient aujourd'hui ces Minutes parisiennes sont pé nétrés de ces vérités. Ils savent que la gravure est un grand art, le plus ancien, le plus vénérable de tous les arts, car les intailles préhistoriques sont-elles autre chose que les premières annonces de l'art de graver? Ils savent que la gravure, plus durable que la peinture, court le monde en œuvres admirables, apparaît aux murailles, s'enfouit aux cartons, s'unit aux livres. Elle a un grand rôle qu'elle ne doit pas abdiquer. Pourquoi donc le discrédit de ce grand art productif de merveilles, qui a précédé et peut-être déterminé l'invention de l'imprimerie? Quelle raison pour délaisser tant de glorieux ancêtres, dessinateurs et graveurs sur bois, qui

ont laissé une tradition et un enseigne-
ment ? Sans remonter bien haut, n'y
a-t-il pas une suite à donner à l'œuvre
de notre siècle, tant de belles illustrations qui ont popularisé des noms
de grands artistes et aidé à rendre
plus célèbres des chefs-d'œuvre de la
littérature ?

La réponse que les graveurs
sur bois se sont faite à eux-
mêmes, après s'être posé toutes ces
questions, a été la meilleure : ils se
sont énergiquement mis à l'œuvre, et
le premier volume est né, sera demain
suivi des autres, de même typographie
sur même papier, avec des dessins vrais
et pittoresques, des images bien fran-

ches, nettes et lisibles, exécutées avec
l'intention nette de réagir contre les
gravures imitant les procédés. C'est dire
que nous nous adressons à tous, au
grand public par l'édition sur papier
ordinaire qui est déjà une édition de
luxe de belle ordonnance, au public
des bibliophiles par les éditions sur papiers spéciaux agrémentées de divers
tirages, de dessins originaux, de signa-
tures autographes. Tous, enfin, trou-
veront leur compte de lecture par le
texte, très documenté, demandé à des
écrivains divers, ayant la connaissance
du sujet accepté, et recommençant, pour
le Paris d'aujourd'hui, les charmantes
physiologies d'autrefois, si recherchées

maintenant, où voisinent les noms de littérateurs et d'artistes.

D'ailleurs, il suffit de donner la liste de ces Minutes parisiennes, correspondant chacune à un aspect de Paris, avec les noms des écrivains et des artistes, pour dire tout l'intérêt de la collection que nous inaugurons.

Voici cette liste :

Midi, le *Déjeuner des petites ouvrières*, texte de Georges Montorgueil, dessins de A. Lepère.

1 heure, *la Bourse*, texte de Gabriel Mourey, dessins de Huard.

 2 heures, *la Cité et l'Ile Saint-Louis*, texte de Gustave Geffroy, dessins de A. Lepère.

 3 heures, *le Grand Prix de Paris, les Sports*, texte de Léon Millot, dessins de G. Scott.

 4 heures, *Quais, Jardins publics, Flânerie*, texte de Huysmans, dessins de A. Lepère.

 5 heures, *la Rue du Croissant*, texte de Henry Fèvre, dessins de Bazillac.

 6 heures, *l'Apéritif*, texte de Emile Goudeau, dessins de Huard.

 7 heures, *Belleville*, texte de Gustave Geffroy, dessins de Steinlen.

 8 heures, *Dîners parisiens*, texte de Maurice Guillemot, dessins de Jeanniot.

 9 heures, *Théâtres et Concerts*, texte de J. Rais, dessins de Bazillac.

10 heures, *Bals et Guinguettes*, texte de Jean Ajalbert, dessins de Steinlen.

11 heures, *la Butte*, texte de Emile Goudeau, dessins de G. Bottini.

Minuit, *le Bal de l'Opéra*, texte de Maurice Guillemot, dessins de Jeanniot.

1 heure, *les Soupeuses*, texte de Jean Lorrain, dessins de G. Bottini.

2 heures, *les Rôdeurs*, texte de G. Montorgueil, dessins de Steinlen.

3 heures, *la Vadrouille*, texte de Emile Goudeau, dessins de Scott.

4 heures, *la Toilette de Paris*, texte de Roger Marx, dessins de A. Lepère.

5 heures, *le Ventre de Paris*, texte de Georges Montorgueil, dessins de Dunki.

 6 heures, *la Chapelle*, texte de Désiré Louis, dessins de A. Lepère.

 7 heures, *Paris s'éveille*, texte de Jules Rais, dessins de Dunki.

 8 heures, *les Écoles*, texte de J.-H. Rosny, dessins de Dunki.

 9 heures, *le Turbin*, texte de O. Mirbeau, dessins de J. Beltrand.

 10 heures, *Marchés et Ménagères*, texte de Arsène Alexandre, dessins de Bazillac.

 11 heures, *les Employés*, texte de Georges Lecomte, dessins de Huard.

A l'horloge égali-
taire midi sonne.
Il sonne en les
indolents et riches
quartiers comme dans les
faubourgs brumeux de la
fumée des usines. Cor-
respondant à l'invite des
estomacs, il appelle à table. Dans la maison bour-
geoise, le domestique a
dit : « Madame est servie. » Et
Madame, tard levée, sans appétit,
obéissant à la tyrannie de la règle,
gagne sa place coutumière, prési-

dant au repas comme à un rite d'ennui. La rue riche, au reste peu passante à cette heure, n'a point de particulière physionomie, sinon qu'encore plus déserte de ses voitures et de ses rares piétons, plus assoupie, le bruit s'en est retiré. Au fond des boutiques, patrons et personnel se restaurent lentement, surpris si un valet de chambre, une bonne, une ménagère interrompt, pour une commande ou un achat, la paix du déjeuner.

Il en va si bien à rebours dans les quartiers populeux et industriels que l'étonnement est plaisant chez un parisien du Tout-Paris qui, d'aventure, s'y trouve à passer vers midi. Il se heurte à une foule qui se précipite, sans confusion, vers un but qu'il ne devine pas. En aparté il pense : « Que de gens ! Où vont-ils ? »

Ils vont manger.

Cette impression est aussi fugitive qu'une image dans le champ lumineux d'un cinématographe ; mais combien charmante le peu qu'elle dure ! Aux cicerones officiels des étrangers, l'idée viendrait-elle de conduire leurs hôtes, à l'heure du déjeuner, rue du Sentier ou faubourg du Temple, rue Chapon ou rue de la Paix ? Ces auxiliaires sont mal instruits des grâces de la cité. Que de tableaux de mœurs pourtant dans cette éphémère animation, et parmi les plus pittoresques! Peu de peintres l'ont soupçonnée; peu d'œuvres en ont analysé le charme populaire, fixé le mouvement, la couleur et la profonde philosophie.

Ce louchon d'Armandine, l'*arpette*, — *arpette*, est en argot de mode, le surnom de l'apprentie, — revient pour la troisième fois d'interroger l'horloge. Et d'une voix flûtée : « Ça y est, c'est midi. — Juste ? — Juste; ça sonne. » Le travail s'entrave dans une hâte joyeuse. Les machines

cessent de ronfler ; la tâche se suspend net, l'aiguille s'immobilise dans l'ourlet commencé. On pose le dé et les ciseaux, les pinces ou le brunissoir. Dans un brouhaha de chaises remuées, on s'agite allègrement, le visage épanoui. C'est la trêve. Le silence réglementaire est rompu, les langues libérées se rattrapent : « Pas trop tôt, j'avais l'estomac dans les talons ! » Celles qui restent commandent le service : « Armandine, n'oublie pas mon pain !... Armandine !... Armandine ! » L'écervelée Armandine est déjà descendue.

Alors penchée, sur la rampe : « Armandine, remonte-moi deux sous de beurre à trois francs ! »

Mais la plupart courent à la soupe. C'est de tous les étages une dégringolade turbulente, la descente affamée des appétits. La rue grouille d'une foule soudaine, emplie à larges flots. Ouvriers et ouvrières, employés et commis de toutes les conditions, quelques minutes confondus, pressent le pas vers la becquée. La coulée n'est qu'un instant uniforme ; elle se désagrège vite, chacun tirant de son côté, selon ses moyens et ses préférences. Les commis du détail fidèles au déco

rum, déjeunent à prix fixe, sur une nappe et avec l'illusion d'un service. Les commis du gros dans l'arrière-salle des marchands de vins où le plat du jour passe pour être copieux et le piccolo sincère. Les ouvriers achalandent le « gargot », quelque trou sans air ni lumière. Ils s'empilent à des tables graisseuses, à côté du fourneau. Une maritorne, d'une science culinaire courte, répète avec une désespérante uniformité la banalité de ses menus. Le « bistro » lui dispute sa vogue, où l'on trouve l'*ordinaire* classique, détrôné, dans les faubourgs, par le comptoir des stations accoutumées, le « bar »; officine peinturlurée de couleurs violentes, décorée de faux tonneaux, flanquée d'ustensiles qui sentent plus l'usine que le cellier, la chimie que la vendange. Il y flotte une suffocante odeur d'alcool que dominent les perfidies subtiles et pénétrantes des anis et des fenouils macérés. L'endroit est spacieux et clair, plutôt trop cru. Il vend aux clients le liquide et leur prête le couvert pour consommer le repas apporté du dehors : arlequins du ménage, charcuterie au rabais tirée d'un jaune papier huileux; vagues indications d'un déjeuner que complétera

le petit verre, et que
l'absinthe, en ce débit
qui est sa chapelle, a
précédée. Les femmes,
là, s'installent près des hommes,
pour la société non pour l'écot.
C'est ici, sans galanterie ni préve-

nance, le brutal « chacun pour soi ».

L'ouvrière, en raison de son gain plus chétif que celui de son compagnon, astreinte à moins de dépenses, vit plutôt généralement à part. Elle fait son restaurant d'un coin de l'atelier. L'établi — dans tous les métiers qui en comportent — est élevé à la dignité de table. Une lampe à essence dégourdit les sauces ou cuit les œufs, tandis qu'autour se dresse le couvert grossier acquis dans les déballages minimes.

Les demoiselles de magasin sont

sorties au signal : mot convenu dont le sens a échappé à l'acheteuse : « *C'est votre gauche,* » a-t-on glissé à l'oreille de la jeune fille ; ce qui signifie : « C'est votre tour d'aller dé-

jeuner. » Car il y a deux « gauches »,
deux tours : l'une de onze heures à
midi ; l'autre de midi à une heure.
Il serait plus simple de dire : C'est
à vous de déjeuner... mais il est
admis que ce serait, devant l'acheteuse, chose inconvenante. Jamais
dans la nouveauté, à quelque heure
qu'elle ait fait ses emplettes, la
cliente n'a surpris la vendeuse avi-
sée de l'heure du repas. L'expression : « Allez déjeuner » est inusitée
aussi dans les grands magasins : on
« descend au salon », terme conven-
tionnel, en ces maisons où l'em-
ployée est nourrie au sous-sol dans
d'immenses réfectoires. Repas uni-

forme, copieux sans excès, avec pain
à discrétion, sous cette réserve qu'il
ne soit pas fait de croûtes. Tout im-
prévu est banni de la table où domine la règle, comme au couvent,
comme à la caserne. L'appétit y
devient exigeant, la bile l'aigrit. La
mauvaise grâce accueille les mets
toujours soupçonnés. C'est qu'on n'a
point changé d'air. L'atmosphère
où l'on mange est celle où l'on tra-
vaillait. Et sur la table, pourtant
dressée, avec décence, le service
est comme l'écuelle du prisonnier :
on a toujours, à la cheville, la chaîne
qui ne vous lâche que le seuil de
la « boîte » franchi. Comme on les

envie les heureuses, pour qui l'instant du repas est une échappée dans la rue libre, courant où il leur plaît, s'achetant ce qui les flatte !

L'amusant c'est la conquête des provisions. Elle est le charme de la rue laborieuse, emprunté, pour l'essentiel, à l'ouvrière. Elle se montre, à midi, sans pose, ni parures, sans puérils endimanchements, dans la spontanéité de ses gestes. Infiniment mieux qu'habillée, elle est comme elle est, dans son costume d'habitude ; celui que façonne le sans-façon ; depuis si longtemps sur son dos, qu'il est ajusté par là même, et lui sied mieux qu'elle ne le soupçonne. Elle est coiffée de ses seuls cheveux, — fait digne de remarque : toujours à la dernière mode — et c'est pour la sauver du ridicule de ses chapeaux achetés aux *Trois francs seize*, déplorables galettes, potagers navrants, parterres désenchantés. Ils n'accommodent pas mieux sa mine ébourif-

fée, quand ses mains diligentes, par économie, ont retapé avec les rubans d'un ancien costume la carcasse d'un vieux « bibi ». Leurs tignasses, qu'elles torsadent à la diable, les parent si gentiment qu'elles n'y ajoutent que pour en compromettre l'intérêt. A midi, elles vont têtes nues, et, parfois, sur la soie brune ou blonde des cheveux, point le léger duvet qui s'y pose. Il dénonce des plumassières.

Chaque état s'indique dans un trait professionnel. Les doigts carminés désignent les fleuristes ; les fils blancs des débâtis, courant isolés sur le mérinos ou l'indienne

des corsages et des jupes, disent
les couturières ou les ouvrières en
lingerie. Les métiers plus salissants

se trahissent

dans le sarrau, cette blouse qui,
dans son négligé, tient de la che-
mise et du peignoir, et sans con-
trainte à la taille prête, à qui le

revêt, l'espièglerie des gros bébés de carnaval.

Serait-on exact sans sortir des généralités ? Il n'y a pas qu' « une » ouvrière parisienne, mais « des » ouvrières. Autant d'états, autant d'habitudes, et dans un même état, les habitudes, selon les quartiers, diffèrent. La fleuriste du quartier de la Bourse s'estime de condition plus relevée que celle du faubourg Saint-Denis, et celle du faubourg Saint-Denis d'une autre essence que celle de Belleville. Une même corporation a son aristocratie et sa démocratie différenciée par le luxe du travail. Celle qui « fait le beau » se tient pour fort au-dessus de celle qui fait le commun. Elle est aussi plus élevée en gain, et dès lors, comme du gain dépend la toilette, plus élevée en goût. S'imagine-t-on, l'espèce de mépris avec lequel une fleuriste qui fait la fleur de choix parle de sa compagne qui ne fait que le feuillage, « la verdurière » ? Il y a tout un monde entre la rose artificielle et sa tige.

Des personnes de condition si tranchée ne sauraient déjeuner de même. Elles n'ont de commun entre elles, quand elles mangent, que ceci : qu'elles ne mangent pas. Dubut de Laforet, — était-ce pour les avoir vu passer à midi, si rassasiées, à jeun? — appelait les petites ouvrières : des « midinettes ». Le mot est joli et fait image. Leur dîner, à midi, est une dinette ; c'est un repas d'oiseau. Un rien le compose. Faute d'appétit? non sans doute : faute de moyens. Comme elles disent, si l'on a un peu d'argent, on aime mieux s'acheter « un petit qué que chose » pour se faire belle.

La faim est le mouvement le plus impérieux chez l'homme, le cri auquel, avant tout, il doit rendre raison, qui domine tous les autres dans la formidable clameur des nécessités : point chez la Parisienne. Elle n'a l'appétit que d'être jolie. Plaire est le joug sous lequel se sont inclinés les autres besoins de sa nature. Sa vanité impose à son estomac; sa coquetterie tue la faim ou du moins la trompe et l'endort. A quelque classe, à quelque métier qu'elle appartienne, sa gourmandise a cédé à l'envie de paraître. Elle a, pour le ruban, rogné sur le rosbeaf.

Une ouvrière demeurée rebelle à cette faim de luxe, c'est la faubourienne asservie à son faubourg, travaillant à l'usine ou à la manufacture, mais dans son quartier d'origine.

Elle n'esquisse un bout de toilette ni à l'aller ni au retour « du turbin ». Elle y va comme elle est, en voisine, dans des « frusques » inamovibles qu'elle ne quitte pas à la maison; qu'elle garde même les jours de fête, à l'imitation des hommes qui restent en cottes et en bourgerons toute la sainte semaine et le dimanche. Délibérément souillon, paresseuse à se vêtir et n'y songeant point. Sans recherche pour sa personne, ni délicatesse; sans grâce naturelle ni apprise; indifférente aux agaceries du miroir; bête de somme qui ne se sait femme que quand le lui dit la brutalité physique du mâle devinant le sexe, Dieu sait comme, dans la neutralité de ses hardes.

Descendre en ville, se coiffer, abandonner la robe où les accrocs le disputent aux souillures : plus souvent ! Elle s'aime mieux, à la bonne franquette, dans le quartier où on ne la fait pas à la pose. Si l'ouvrage est moins payé, on en a encore de reste par l'économie de la

toilette. Mais c'est moins une affaire de calcul que de tempérament : la paresse de se vêtir. « Se caller les joues avec des briques, » explique-t-elle en son langage imagé, n'est pas son fait. C'est assez si dans la « morte », ou quand votre homme qui flegmarde n'en fiche pas un coup, on est toute seule à nourrir une nichée de moutards. Mais dès qu'on fait ses trente ou quarante sous pour soi, midi c'est midi ; et si l'on mange mal, ce qu'on se met sur le dos n'est pas ce qui fait tort à ce qu'on ne se met pas dans le ventre.

Il ne s'ensuit point que les mets

de ses repas soient plus nombreux
ni plus relevés. La chère est, par
obligation, frugale à toute table
d'ouvrière; mais elle est au faubourg plus arrosée peut-être de
verres de basse vinasse, lampées
d'un trait, à lèvres goulues, qu'es-

suie d'un geste large un revers de main. Ne point se priver de manger pour la laborieuse des faubourgs, c'est boire comme les hommes; comme eux siroter le coup de quatre heures, si la discipline permet la sortie, et traînasser, les jours de paye, dans les assommoirs où les vertes sont à trois sous.

L'ouvrière intéressante au manége du déjeuner, la « midinette », n'est point cette femme satisfaite de son abjection et ne faisant nul effort pour en sortir. C'est celle qui, née dans les quartiers excentriques, chaque matin, descend sur la ville qu'elle remplit de son pépiement de linotte et de sa sautillante grâce de bergeronnette. Elle vient des faubourgs, et de plus loin, de la banlieue, où sont les vieux chez qui elle est encore, redoutant l'affront des remontrances paternelles et les gifles qui les appuient. Elle se rattrapera à sa majorité et ne tardera pas d'un jour. Son respect, maté par la peur des taloches et des mauvaises corrections, craque d'ordinaire à ses vingt et un ans révolus. Alors, il arrive qu'elle proclame son indépendance : « Je suis assez grande pour faire des bêtises. »

La mode parisienne distribue la cité. Elle assigne aux grandes couturières *Robes et manteaux* et aux modistes en renom, la ceinture qui va de la Bourse à la Madeleine, par l'itinéraire des grands boulevards. Elle a déterminé que la fleur et la plume se tiendraient du Caire au Sentier ; la lingerie et l'apprêt *faux-cols et manchettes*, vers le faubourg Poissonnière ; le cartonnage faubourg Saint-Denis ; le brunissage rue Chapon ; la bijouterie rue du Temple ; la casquette aux Archives. Et, un peu partout, dans le Marais, ces métiers vagues qui ne cessent de demander, par affiches manuscrites, « *des ouvrières qui gagnent de suite pour un travail facile* ».

Les habitudes des repas sont particulières à chaque corporation. Il est convenable, si l'on veut être édifié pleinement, de se transporter à l'heure de midi sur chacun des points où le pittoresque offre une apparence de diversité.

La cartonnière, la brunisseuse, la bijoutière est venue à l'atelier avec son panier qu'elle balance raide, à bout de bras. Il renfermait le déjeuner : des restes du diner de la veille, si toutefois l'on dina de plus que d'une soupe ; d'un peu de viande cuite, de légumes qu'on fera réchauffer.

Ces provisions assorties sont pour les ateliers qui permettent de prendre les repas. Il y en a certains où on l'exige. Telles maisons entendent que les ouvrières ne descendent pas à midi pour éviter un mouvement de va et vient, ou pour obvier aux mauvaises rencontres des restaurants. « Voyez-vous, les ouvrières, s'y perdent, » disait un industriel austère, d'une grande sévérité de mœurs. Songeait-il à la morale ? Ou, entendait-il que les ouvrières s'entraînant d'une maison dans l'autre, désorganisaient le travail ? Longtemps, les grandes maisons de couture nourrirent leurs

ouvrières; puis on leur accorda de
manger dans des réfectoires peu
engageants, débarras et galetas,
entre deux portes, dans des cou-
loirs et des dégagements. Le repas
se prenait sur le pouce, froid ou
presque froid, approvisionné par
les apprenties ou par l'office de la
maison. Et c'étaient des restrictions,
en raison des précieuses étoffes que
toute cette cuisinerie eût compro-
mises : point de sauces donc; et
aussi, en raison de l'atmosphère,
qu'il eût vicié, pas de poisson.

Cette tyrannie ne gêne pas les
fées occupées chez les grands fai-
seurs : ce n'est pas elles qu'on ver-

rait arriver le matin avec un panier.
« Un panier, oh! ma chère, c'que
c'est toc! » Elles ont dans les mains
un petit paquet, pas très gros, bien
enroulé, qui vous a l'air d'une em-
plette et qu'elles portent comme un
« maintien ». A la rigueur, elles
acceptent de s'embarrasser d'une
boîte toute menue, gentiment fice-
lée. Ça tient une tablette de choco-
lat, un petit pain, une pomme verte
ou un artichaut cru qui se savoure
à la croque au sel. Si les exigences
poussent à augmenter le volume de
cet ambigu, il reste aux modistes
la ressource des vastes enveloppes :
on croirait qu'elles vont livrer un

chapeau, il y a tout simplement dans le gouffre de papier gris un déjeuner et son couvert.

Cette vanité s'étend à toute la mode. Le panier apparaît humiliant même aux plumassières, pourtant les moins poseuses de ces corporations. Les ouvrières des autres états qui prennent leur déjeuner en sarrau ne consentent à s'en embarrasser que si elles ont passé l'âge de plaire. On préfère, dès qu'on est femme et qu'on se soucie de la tenue, le petit sac de cuir ou le « ridicule ». Tout conspire à rendre ainsi le repas plus réduit. On ne l'emporte pas de chez soi, économiquement préparé de la veille, et on n'a pas toujours l'argent nécessaire pour l'aller prendre au restaurant. On le prend donc à la volée, ou sur un coin de table. Le couvert, c'est le papier dont la « petite marchande » l'enveloppa.

La « petite marchande » est particulière aux quartiers du centre. Dans d'étroits boyaux sombres, en empiétement sur une boutique, qui allège son loyer par cette sous-location, échoppe plus que débit, une maritorne puissante a installé four-

neau et lèche-frite. Elle y surveille
son pot-au-feu, en épluchant des
pommes de terre qui chanteront
dans la graisse bouillante, sur le
coup de midi. La même friture do-
rera des goujons ou des soles, et sai-
sira la pâte des beignets. *Bouillon
et bœuf à emporter*, dit l'enseigne.
On trouvera là du bouillon chaud
qui vaut deux sous le bol; pour
quatre sous de plus un bouilli s'y
promène; des moules et des pommes
de terre cuites à l'eau. Mais surtout
on y trouvera la frite classique.

Elle est, par excellence, le mets
peuple : diner et dinette; plat de
résistance et friandise. Sa réputation

survit à toutes les combinaisons culinaires, à toutes les trouvailles. Il n'est si faible estomac qui s'en lasse; elle réveille l'appétit qui s'endort. Si jolie à l'œil, tout en or, onctueuse de la graisse qui la baigne, et répandant autour d'elle, quand elle a cessé dans la poêle sa chansonnette, un parfum savoureux, un parfum de bonne bouche, qui affame !

Elle serait rare que les riches lui prêteraient toutes les vertus, et qu'ils en feraient l'orgueil de leurs festins, pour son opulence, son arome et sa plantureuse délectation. Elle est commune. Elle a cette

bonté, parée de toutes les séduc-
tions, d'être à tous nourricière allé-
chante, si généreuse qu'à peine si
elle se vend aux gueux, dont elle a
l'amour. Elle est l'unique aliment
qui réclame un si faible écot. On
l'a pour une aumône, elle se donne
pour un sou. Et avec quelle coquetterie! dans le pimpant cornet de
papier jaune paille, qui sied à sa
beauté blonde. Un cornet qui tient
dans la main, commodément dans
la main grelottante que l'hiver il
réchauffe, petit fourneau écono-
mique, et où l'autre main libre glane
pour la bouche les succulences de
ce mets délicieux.

Où ne la trouve-t-on pas, vienne midi? La lèche-frite est tout l'établissement de l'échoppe; elle est le principal du restaurant. Elle a la place privilégiée près de la porte. L'apprentie, tout en dansant, ou l'ouvrière « qui va aux commissions », cette sœur tourière de l'atelier, en emplit ses mains, deux sous par deux sous. On pourrait en acheter un plat à la fois, qu'on partagerait ensuite. Ce serait plus commode : ce ne serait pas si bon : la frite populaire ne va pas sans le cornet; c'est son petit chic. Dans les grands restaurants, pour se distinguer, elle se souffle, se donne de l'embonpoint.

c'est l'enflure de la parvenue, qui
croit aller de pair avec la solennité
d'un chateaubriand. Elle ne trompe
personne; elle n'est que la petite
frite de la rue, qui a quitté comme —
pour les messieurs riches, Mlle Mu-
sette son cotillon — son cornet de
papier paille.

Que de fois, dans la rue, elle a ar-
rêté le poëte. Il avait faim, et la
rime millionnaire lui ayant laissé un
sou au fond de son gousset, il put
s'offrir ce mets. dont il se régala,
arrosé d'un verre d'eau de l'Hippo-
crène. Elle fit plus qu'apaiser sa
fringale; elle l'inspira. La recon-
naissance de l'un des trois Cros —

Antoine — dédia ce dizain réaliste à
la marchande qui avait saupoudré
avec un beau geste le cornet qu'à
son désir elle tendit.

Bien que sa main soit rouge elle n'est pas sans grâce,
Debout dans son échoppe étroite et sombre et grasse,
Pour symphonie, elle a le chant jusqu'à la nuit
De la pomme de terre en tranche qui bruit,
Dans le liquide noir où son disque se dore.
Sans voir le savetier d'en face qui l'adore,
Ni le coiffeur si beau, ni le garçon boucher.
Servante du légume ingrat, et sans broncher.
Elle en donne souvent, avec un air biblique,
Un grand cornet tout plein au pauvre famélique.

La clientèle fait queue sur le trottoir, sa vaisselle à la main. Il n'y
aurait place pour elle dans l'établissement : c'est tout au plus si la

marchande s'y meut. Parfois, ambitieuse prétention, l'exiguïté de ce trou alimentaire s'enfle jusqu'à se donner les airs d'une gargotte, et permettre à une dizaine d'habituées de s'enterrer dans des ténèbres propices aux mystères des portions.

Elles n'ont ni plus d'appétit ni plus de ressources, les ouvrières qui dédaignent ces achats de friture en plein vent et déclarent, avec l'amusante exagération qui est dans le caractère des Parisiennes, « *que pour tout l'or du monde* » on ne leur ferait pas manger leur déjeuner debout, dans la rue, sous une porte cochère. Elles ont des « gargots » tout aussi modestes, mais plus prétentieux. Elles vont au restaurant. Leur en coûte-t-il davantage ? Il s'est institué à proximité des ateliers de la mode, des restaurants à la carte et à prix fixe. C'est du « veux je ne peux » comme elles disent, un faux luxe de glaces et de dorures. L'entrée est décorative. On voit dans la vitrine verdoyante des tendresses comestibles, des quartiers de bœuf, simples figurants loués aux bouchers du voisinage, des têtes de veaux blafardes qui abaissent tristement leurs paupières, des langoustes dont personne n'a sondé le vide de la carapace, des fruits et même des primeurs : avenante nature morte qui n'est qu'un trompe-l'œil, sinon un trompe-la-faim. Ces victuailles gargantuesques sont toujours à la porte et jamais sur la carte. On ne les dévore que des yeux. C'est un décor.

C'est ici à prix fixe, 1 fr. 10, vin compris et pain à discrétion. On n'entend pas, pour vingt-deux sous, avoir des asperges en janvier et du filet en tout temps ? Déjà, un menu de ce prix dépasserait de beaucoup les revenus affectés à la table par une ouvrière, dont la moyenne du gain, en défalquant chômage et jours fériés, n'est point de quarante sous.

Il n'y a que les couturières des grandes maisons et les modistes, pensionnées par leur famille, qui abordent des menus aussi délicatement servis. La dépense moyenne d'une ouvrière au restaurant est de quinze sous. Elle prend un sou de pain, un *ordinaire* qui vaut six sous au minimum, un légume de deux sous, un carafon de vin de quatre sous et un brie ou un biscuit.

« Oh ! quand j'étais jeune et forte, disait une vieille couturière, j'ai gagné 700 francs par an. — Mais comment viviez-vous donc ? » lui demanda-t-on. Elle répondit : « Ah dame, on ne mange pas à son apaisement! »

Les philanthropes ont établi le devis du menu constant d'une chemisière, dont le gain revient à 600 francs, tout chômage défalqué. Elle ne peut appliquer à ses deux repas que 90 centimes qui se distribuent ainsi : une livre de pain 0,20 ; lait le matin 0,10 ; une côtelette à midi 0,25 ; vin 0,10 ; charbon 0,05 (il s'agit d'un repas qu'elle accommode) ; légumes 0,10 ; beurre 0,10. Il en est de plus humbles et de plus gênées qui ne pourraient appliquer, bon an mal an, plus de onze sous à leur nourriture des deux

repas. Le menu se décompose inva-
riablement de la sorte :

Le matin, lait	0,05
Pain pour la journée.	0,20
A midi, boudin	0,10
Pommes de terre frites.	0,05
Le soir, une saucisse	0,10
Pommes de terre frites encore .	0,05
Ensemble.	0,55

Le philanthrope — c'est M. Charles
Benoist d'accord avec M. d'Haus-
sonville — ajoute : « Et le budget est
en équilibre. Mais vienne l'hiver,
c'est le froid ; le chômage, c'est la
faim ; la maladie, c'est la mort. Voilà
tout de même à quoi se résignent
les saintes, celles qui savent se

résigner. Les autres, celles qui ne se résignent pas, ne font que choisir une autre misère. »

La résignation sur le chapitre de la table, est pour l'ouvrière parisienne la plus facile de toutes. Qui l'a suivie au restaurant, et en a tiré d'autres conséquences, l'a méconnue. Elle ne se donne point de mal pour mettre un peu plus de beurre sur ses épinards. Elle prend ses épinards comme ils sont, avec une philosophie indémontable. C'est pour déconcerter l'entendement de qui n'a pas vécu de la vie frugale du peuple. Comment concilier la gaîté peinte sur leurs traits quand elles vont de l'atelier à la gargote avec cette pensée qu'elles y traînent une fringale qui ne s'assouvira point? Les moralistes nous disent que cette gaîté est feinte, ce rire nerveux, que c'est une convulsion d'âmes malades. Ils se souviennent du mot du poète : « Joie de rue, douleur de maison. »

Prévention que tout cela : le rire des ouvrières sonne sincère, et leur joie n'est pas jouée. La médiocrité de leur repas ne leur cause ni tristesse ni confusion. « Il ne faut pas vivre pour manger, disait Harpagon, mais manger pour vivre. » Elles n'en sont pas très sûres : elles

vivent, ou le sup-
posent, et ne
mangent pas.

Leur appétit
est si frêle que la
plus fragile émo-
tion le coupe.
Propose-t-on ino-
pinément un plaisir, que l'appétit,
comme par enchantement, lui cède.
Ainsi le théâtre dans le peuple a
toujours fait tort au dîner.

Paris, aux fêtes de Michelet, a cou-
ronné une muse élue par ses sœurs,
les ouvrières, la Muse de Paris. — à
l'instar de la muse de Montmartre.
C'était une fillette de seize ans, une

confectionneuse de la rue des Poissonniers, charmante et simple créature, du peuple jusqu'au bout des doigts que l'aiguille avait profondément martyrisés. J'avais présidé à son élection. Le conseil municipal m'avait chargé de prendre la muse et ses deux compagnes, une modiste et une couturière, chez Worth, qui gracieusement les habilla avec un goût exquis. De là, je les devais amener à l'Hôtel de Ville, pour ensuite, après la cérémonie les reconduire individuellement chez elles. J'ai eu, dans ce trajet deux fois répété, leurs confidences, sur une heure, pour elles inoubliable

et qui ne sonnera pas deux fois.
Ont-elles mangé, durant ces bien-
heureux jours, alors que tout un
peuple les acclamait, et que, pour
elles, la Beauté et la Musique s'u-
nissaient dans la composition d'un
magistral poème de Gustave Char-
pentier? Manger! elles y songeaient
bien. Elles songeaient à leurs belles
robes, oui, qu'elles voyaient dou-
blées de soie; et elles se confiaient
l'une à l'autre, qu'en les décousant,
ça leur ferait plus tard deux robes
pour une...

Quand la fête fut terminée, tous
les feux de l'apothéose éteints, que
les cinquante mille spectateurs qui

avaient applaudi à leurs joies naïves
se furent dispersés, que les demoiselles de l'Opéra eurent déposé
l'idéal travestissement du ballet,
elles s'en retournaient chacune chez
soi — mélancoliques, demandez-
vous, d'un bonheur enivrant et si vite
passé ? grisées de cette minute de
royauté quasi divine ? Non. Leurs
petits cœurs ne battaient pas d'une
seconde plus vite, leurs cerveaux
étaient libérés de la fumée perni-
cieuse des hommages, elles conce-
vaient le lendemain pareil à tous
les jours, elles se préparaient au
retour à l'atelier, à la place coutumière, avec, seulement, la vanité de

penser qu'elles auraient à répondre
aux curiosités qu'elles pressentaient.

Soudain, la Muse,
Mlle Ernestine Carot,
poussa un gros soupir qui témoignait d'un désir ou d'un regret. Puis
franchement, frappant ses petites
mains, elle m'avoua l'idée qui lui traversait la tête :

« Quelque chose
qui finirait bien
cette apothéose,
ce serait si on
allait au théâtre !
dans un beau

théâtre ! » Louise, la couturière, ajouta d'enthousiasme : « Oh oui. Par exemple voir la *Poupée !* » J'objectai l'heure tardive, le landau qui nous emportait encore éloigné des logis paternels. Puis enfin le dîner qui les attendait. La Muse me regarda avec une figure presque ironique : « Manger ? Mais, monsieur, me dit-elle, on ne mange pas quand on va au théâtre ! » J'insistai, j'invoquai les nécessités physiques, les fatigues de ce long jour, les forces perdues qu'il leur fallait récupérer. Je prêchai vainement : — Quand on va au théâtre, on ne mange pas. — Elles ne mangèrent pas ; elles allé-

rent au théâtre. Et cette soirée pas-
sée aux Folies-Dramatiques sera
peut-être de toute la fête, le sou-

venir le plus brillant qui leur en
restera.

Les repas d'ouvrière ne sont que
des simulacres : ce n'est pas autre-
ment substantiel, mais l'école de
Salerne dit qu'il faut rester sur son
appétit, que c'est le secret de se bien

porter. C'est au moins le secret de ne point compromettre la grâce légère de son corps et les revenus de son gain. Avec un pareil régime, qui défend d'un embonpoint prématuré, on garde longtemps la finesse de sa taille, avantage qui s'apprécie. On court aussi, en revanche et c'est le pire, les chances de l'anémie et de la chlorose.

L'instant du repas a son charme. C'est une récréation et un repos. On se place à côté d'une amie et l'on fait la dinette, comme lorsqu'on était, il y a si peu longtemps, petite fille. Dans la saison d'été, on se met ensemble pour acheter aux « petites voitures », quelques fruits ou une grappe de raisin. Puis, l'on varie son menu en partageant chacune ses plats : « Passe-moi de tes lentilles, je te donnerai de ma purée. » De telles prévenances ne sont possibles que dans un grand commerce d'affection.

Ce cordial manège s'établit parfois aussi entre homme et femme. C'est un peu plus dangereux. On s'est rencontré  à la même table, une fois ; on a échangé des politesses, on s'est demandé l'huile, on s'est passé le sel, on a dit : « Le bouillon est salé aujourd'hui, ou les haricots sont durs comme des balles. » Et l'on s'est réciproquement aperçu que la musique de la voix était agréable, le geste gracieux, le sourire avenant. Le repas a paru plus bref, et l'on a eu, comme un regret, quand, chacun de son côté, ayant payé l'écot, l'heure fut venue de se saluer. On s'est retrouvé le lendemain. Le premier arrivé avait gardé la place de l'autre. Cela dura des semaines, des mois, une saison. Puis, l'un des deux cessa de venir, — changement de situation ou d'atelier. Cette absence fit un vide dont on fut d'abord tout chagrin, sans raison.

— « Car vous savez il n'y avait pas ça ! » Une nouvelle venue, connue de personne entra, qui, visant la place inoccupée demanda : — « Elle est prise ? — Non mademoiselle. » Le même coudoiement ramène les mêmes attentions, prévenances et petits soins. Et un semblant de flirt, sans chevalerie, s'ébauche, qui finira par le caprice des choses ou le caprice de l'amour. Car tout arrive, même de s'aimer réciproquement, si l'on est libre, qu'on se plaise, qu'on se le dise et qu'un beau dimanche de printemps, dans une balade préméditée à Meudon où à Saint-Cloud, on en arrive à se le prouver.

Des personnes d'esprit austère redoutant les conséquences de ce tête-à-tête ont fondé les restaurants rigoureusement féminins.

L'homme qui les dirige porte un nom prédestiné : il se nomme M. Dévertus. Le fondateur est un religieux qui s'est adjoint un comité de dames patronnesses, de très grandes dames, des Biron, des Bully, des de Castrie, des de Fitz-James. Le but : ouvrir de grands établissements, où la femme soit véritablement chez elle, pour ainsi dire en famille; où elle trouve réunies toutes les conditions désirables de convenances, d'économie et de saine alimentation, en harmonie avec ses goûts et les nécessités de sa bourse et de sa santé.

Les fondateurs n'ambitionnent que de rentrer dans leurs frais, et encore, pour combler les possibles déficits, cherchent-ils des ressources extraordinaires : l'exposition des souvenirs de Marie-Antoinette n'avait pas d'autre objet.

Le premier de ces restaurants fut ouvert rue Jean-Jacques-Rousseau. Le succès lui créa des succursales, plus à proximité des ouvrières de l'aiguille, qui sont 85.000 à Paris : rue de Richelieu et place du Marché-Saint-Honoré. Le restaurant type est celui de la rue Richelieu, à dessein installé au fond d'une cour, afin que les habituées ne soient pas exposées aux regards des sceptiques. La salle est claire, spacieuse, plus longue que

large. Les tables, disposées bout à bout, sont en bois blanc et paillées. Les murs peints en vert n'ont reçu ni tableaux, ni emblème reli- gieux, sauf à la salle du marché Saint-Honoré où il y a une vierge (*Mater admirabilis*), patronne de ces restaurants. Les serviettes sont rangées méthodi- quement. Au restaurant, est adjoint une bibliothèque. Est-il nécessaire de dire qu'on y chercherait vaine- ment les œuvres dont les petites

ouvrières font leur repas intellec-
tuel, les livraisons illustrées du mo-
derne roman feuilleton, Emile
Richebourg ou Georges Maldague?

Le service est réduit. L'habituée
prend ses jetons au guichet, qu'elle
échange contre les mets de son
choix, entre les mains de petites
bonnes diligentes. Le menu est
affiché sur un tableau noir, avec les
prix. Le pain et le vin ensemble
coûtent 20 centimes ; de trois à
quatre sous les potages ; six sous les
viandes en sauce, huit sous les rôtis
garnis, quatre sous les légumes,
trois sous les desserts, deux sous
le café. Ce ne sont point là des so-

ciétés de tempérance et le verre de
liqueur est possible : il varie entre
10 et 15 centimes.

La dépense moyenne est, comme
dans les autres restaurants, de seize
ou dix-sept sous. Les plus fortunées,
ces demoiselles de la rue de la Paix,
vont à un franc et plus; mais les
apprenties se bornent à un plat de
viande de 30 centimes, ce qui fait
50 centimes avec le pain et le vin.
Qu'on puisse dé-
cemment manger
à Paris, avec dix
sous, avouez que
vous ne le soup-
çonniez guère.

Une remarque : les plats les plus de-
mandés sont les maigres : légumes
ou poissons. L'ouvrière de Paris est,
par mépris des nourritures fortes,
végétarienne. Il est servi annuelle-
ment, dans ces « restaurants de
dames » 150.000 déjeuners. Le soir,
au dîner, les tables sont à peu près
vides, sauf en la saison, quand, chez
la patronne, « on fait des heures ».

On quitte le restaurant avant
l'heure dite; on villégiature volon-
tiers aux Tuileries. Les bancs, du
côté de la terrasse, à l'ombre, sont
occupées par des groupes qui de-
visent discrètement. Parfois, isolée,
loin de ses compagnes, une ouvrière,

accoudée sur un banc, médite : am-

bition, amour, chagrin? Sait-on? Les peines de cœur fuient cette trop grande clarté. Elles vont à la Madeleine. Des repas ont été hâtés, en vue d'un long agenouillement, dans le recueillement et le mystère. Guy de Maupassant, au hasard d'une course dans Paris, surprit ces ferveurs, qu'un sanglot soulageait devant les autels. Il se demanda : « Où donc, si l'on fermait les églises, iraient pleurer les femmes ? »

La chère dans ces « restaurants de dames » y est meilleure qu'à toute autre table, sans y être meilleur marché. Mais le bouilli familial est entouré d'excellents principes, de sages préceptes, de judicieux avis. Les timides et les mystiques s'y plaisent. Elles n'y courent point le danger des mauvaises rencontres. L'estomac s'y satisfait, le cœur ne s'y trouble pas.

L'ouvrière n'a que rarement d'a-

venture avec les hommes au contact
de qui professionnellement elle se
trouve. Si elle est plus vite prise
au déjeuner par ses voisins, c'est
qu'ils ont un autre état, c'est que
surtout, comme elle fait estime du
linge blanc, pour la plupart petits
commis, employés méticuleux, ils
ont l'air très comme il faut. C'est
pour l'inciter à des remarques obli-
geantes. Heureusement, ces jeunes
gens sont sans grand avoir; leurs
avances calculées sur un budget
exigu, se monnoient en simples politesses. La médiocrité de la bourse,
dans ces liaisons, est le commence-
ment de la sagesse. L'homme cal-

cule les frais d'une séduction : la moins coûteuse est hors de prix quand on gagne par jour, dans les 3 fr. 33. Ce n'est point que les caprices de ces gentilles créatures soient très dispendieux. Leur gourmandise est suffisamment flattée par un baba au rhum ou une tarte aux cerises. Une seule dépense est impérieuse, exigée, même en chômage, celle du « petit noir ».

Il se consomme au bar; comptoir arrondi dans la partie qui donne sur la rue; au centre se hâtent les serviteurs. Pour décor : une machine en cuivre rutilante qui tient de l'alambic et du percolateur. C'est dans

cet appareil que s'accomplit le mystère de l'eau chaude transformée en

moka. Le profane ne soupçonne
point les secrets de cette chimie
qu'il serait injuste d'attribuer au

fruit du caféier. De petits robinets
tournés d'une main rapide, tombe à
souhait, chaude et odorante, une
onde brune qui passe pour du café.
Elle en donne une illusion assez
passable. Tenez que le plaisir n'est
point de boire son café, mais de
croire qu'on l'a bu. « Cela, disent-
elles, complète un repas, l'achève. »
On se presse pour le venir prendre,
en bonne place, face au verre, qui
avec sa dose de sucre et sa cuiller,
attend votre ordre pour s'emplir. La
clientèle ne manque jamais autour
du petit comptoir « des pieds hu-
mides », achalandé été comme hiver.
En vain, le glacier à cinq centimes,

la partie où l' « on gagne d'une à vingt glaces », sollicite les consommateurs avec sa friandise à la framboise ou à la vanille. Il ne captive que les apprenties et les *petites mains*, des gosses qui galvaudent, à s'offrir de ces douceurs sucrées, —

oh ! la vogue des « cassés » chez les confiseurs en renom ! — les deux sous qu'el-les ont reçu, chaque mois, pour faire les commissions de ces dames.

L'importance est de gratter, sur l'heure du déjeuner, la promenade flâneuse, à trois ou quatre, bras dessus dessous, tête nue, et souvent des fleurs dans les mains. L'une par l'autre aguerries, audacieuses de gestes et de propos, d'un rien amusées, elles tiennent toute la chaussée ou tout le trottoir. Les passants se rangent et se dérangent, les hommes les regardent : ce n'est point pour leur déplaire. Ils les taquinent de propos badins dont elles rient, chatouillées, promptes à la riposte, dans une langue qui a la verdeur d'une sorte d'argot d'atelier. Et ce sont les stations aux boutiques, devant les étalages, le marchandage des étoffes, la comparai-

son des prix, les débats contradictoires sur les achats collectifs ; les inutiles allées et venues au bazar, dans un besoin de toucher, de sentir, de saisir les choses, de les prendre, de les rejeter pour les reprendre, et finalement sortir les mains vides.

La parfumerie a pris de nouvelles habitudes, qui sont celles du commerce de détail. Elle a quitté la boutique, et elle est descendue sur le trottoir. Elle s'étale, opulente en joliesses enrubannéss et sentant bon. C'est la station favorite des flâneuses d'une heure. Que tout cela est donc invitant : ces savons qui font la peau douce ; ces bigoudis qui vous ondulent ! Ces sachets odorants ; ces flacons emplis de liqueurs de cou-

leur tendre, cravatés de faveurs
roses. Et la querelle renaît, éternel

lement irritante, de la poudre de riz,
du rouge, du cold-cream et de tout
ce que se maquillent les cocottes.

7

On tombe vite aux personnalités, ce qui donne à la conversation un tour aigu : « Je te dis que Berthe se met de la poudre. — Non, mademoiselle ! — Si, mademoiselle ! — C'est la jalousie qui te fait parler. — Je l'ai surprise, que je te dis, une fois qu'elle s'en mettait. — Eh ben, tiens, qu'est-ce que ça prouve ? — Qu'elle a la peau noire et ne veut pas qu'on le sache ! » A l'élection de la Muse de Paris, une rivale, très pâle, fut accusée d'être fardée. Elle sortit rageusement son mouchoir, le mouilla d'une salive abondante, et se débarbouilla : la peau avait conservé son duvet étranger à toute mixture.

La poudre de riz est suspecte :
l'odeur ne l'est point. On peut
vouloir sentir bon : c'est une dé-
bauche du samedi, quand l'ouvrage
a été. Alors, on se cotise, on achète
pour dix sous un « flacon échan-
tillon », choisi sur sa bonne mine.
On n'attend pas d'être
rentrées, sans en
user; on le débouche
sur le trottoir, on veut
savoir « ce que ça
sent ». Tous les nez,
tous les jolis petits
nez, s'en approchent,
en cercle, et pronon-
cent : « C'est de la

verveine, c'est du lilas, c'est de la violette. » On n'est jamais fixé. Le plus sûr, c'est que c'est du musc. On le partage sur les mouchoirs une fois à l'atelier. Puis, il n'y a pas d'hommes, n'est-ce pas, qui peuvent vous voir? on se dégrafe et l'on embaume la chemisette. On en met à même la peau, là, dans le petit creux, d'où l'odeur montera, trop vite assoupie, par l'entre-bâillement du corsage. « Ah! que ça pue-t'y bon! », diront-elles, voluptueuses, dans un reniflement suggestif qui leur ouvrira des horizons de boudoir où, d'après M. Jules Mary, les hommes se pâment, pris au piége des parfums.

La rue est l'école mutuelle des modes. La femme initiée par la

femme y apprend les arrêts mystérieusement décrétés qui la font se peindre, une saison d'une couleur plutôt que d'une autre, et exagérer tantôt les manches, tantôt les croupes. Ces belles filles sont affectées à l'industrie de la parure; elles confectionnent des robes, chiffonnent des chapeaux, ou de la mousseline font éclore des parterres ravissants. Elles travaillent d'une saison en avance, c'est-à-dire qu'elles exécutent ce qui se portera et elles ne savent pas plus que d'autres d'où découle leur espèce d'intuition. Elles sont dans les coulisses de ces apprêts changeants où les métamorphoses s'élaborent, et, elles-mêmes, aveuglées sur les ordres reçus, elles les exécutent sans en connaître la ténébreuse origine. Le

Dieu de la mode est un tyran ca-
ché !

Les conversations n'ont pas toujours cette gaieté en dehors si spon-
tanée. Elles ont parfois — mais alors
les promeneuses ne sont guère que
deux — une allure de confidence.
On se chuchote à l'oreille des propos qui absorbent l'esprit très loin
du vacarme de la rue, très loin de
la marche contrariée des passants ;
indifférentes aux coups de coude
ou aux coups d'œil, aux madrigaux
vulgaires des suiveurs qui vous
soufflent dans la nuque des impudi-
cités. On se dit des choses extrême-

ment confidentielles, que, parfois, appuie une lettre qu'on est allé, chercher ensemble « bureau restant » et qu'ensemble on lit. L'amour serait-il dans l'affaire ! En doutez-vous ?

Le beau chanteur, qu'un violon et une guitare accompagnent dans le concert en plein vent, sous la porte cochère, l'assure lorsque, sur un mode sermonneur, d'une voix de ténor fatigué il chante :

> O fauvettes, dans le bocage
> Méfiez-vous des gais pinsons,
> Les pinsons ont le cœur vola-a-age
> Et vous quittent là, sans façon. *bis*

Ce besoin chez elles de rêverie

et d'inconnu les fait frissonner à
l'appel de ces mélodies douceâtres

et geignardes, de ces mots qu'un
semblant de poésie, endimanche, de
ces sentiments découpés en vignette.

Leurs petits cerveaux romanesques se prennent à ces fadaises qui ont l'éloquence banale de leur propre vie, qui leur chantent leurs brouilles, leurs raccommodements, leurs espoirs, leurs tendresses; qui leur peignent, dans une manière de Cantique des cantiques, les mélancolies et les joies de leurs romans ébauchés.

Une lithographie portraicture sur le titre le héros de la romance : il sort des mains du coiffeur. C'est le petit commis idéalisé, tendre, irrésistible, trop beau. Les trahisons le déchirent; il dit les morsures de l'infidélité. Mais il est fier, c'est un si bel homme ; et il est ironique autant qu'amer.

> Qu'importent les trahisons,
> Des lèvres que nous aimons,
> Si les lèvres sont jolies !

« *Demandez paroles et musique, deux sous.* » Et le ténor en plein air fait le tour de la galerie, le bras tendu, à la hauteur des têtes, au-devant des mains des fillettes, des petites mains qui lui font signe. « *Nous allons chanter le deuxième couplet.* » Le violon phrase d'abord la mélodie qui s'insinue par le son, s'imprime en la mémoire ; car c'est à l'oreille de faire toute la besogne. La musique gravée n'apparaît à ces yeux que par les intraduisibles signes d'une langue inconnue ; mais le rythme se martèle dans l'esprit, acquis syllabe par syllabe, mot par mot ; murmuré d'abord en sourdine, puis osé haut avec des intentions, des effets, des grâces. L'air s'oublie, les paroles le rappelleront, chantées tout à l'heure à l'atelier, si les chansons y sont permises ; ou ce soir chez elles, quand elles s'accouderont à la croisée, le regard perdu dans le champ des étoiles.

... Maintenant, c'est la rentrée, la rentrée lente, la rue quittée à regret, la reprise du collier. À la porte de l'atelier, c'est, comme auprès de la

ruche, au retour des abeilles qui essaimèrent. Un temps de halte, un rassemblement où s'échangent quelques brefs et insignifiants propos; c'est le partage d'un bouquet entre amies ; c'est le dernier scandale appris à l'heure du déjeuner, porté à l'ordre du jour, et avidement transmis par la médisance, mieux renseignée que la plus vigilante des chroniques.

Armandine l'apprentie « l'arpette », pour la troisième fois, a

interrogé l'horloge, et d'une voix
flûtée : « Ça y est : l'est une heure.
— Juste ? — Juste, ça sonne.» Et la
tâche reprend où elle fut quittée,
machinale et uniforme, pareille à ce
qu'elle fut hier, à ce qu'elle sera
demain ; la tâche créatrice et nourricière, la tâche éternelle des filles
indigentes que la mode, aux riches
oisives et aux belles affranchies,
donna pour servantes.